# THE WEE BOOK O' WINCHIN'
## FUR EVERY JOCK THERE'S A JESSIE

D0595476

By **Susan Cohen**
Illustrated by **Jane Cornwell**

Text copyright © 2020
**Susan Cohen**

A CIP record of this book is available from the British Library.

**Paperback ISBN 978-1-9164915-3-3**

First published in the UK in 2020 by The Wee Book Company Ltd.

Printed and bound by Bell & Bain Ltd, Glasgow.

# MAY THE BAGPIPES O' HAPPINESS BE THE SOUNDTRACK TAE YER LIFE

*Is it any wunner*
*Tha' the best things in life are free?*
*It's no' wan muckle great surprise*
*It's there fur a' tae see*
*Tha' if we jist keep smilin'*
*An' seein' wur glasses as hauf foo*
*We ken fine well wur lives will be guid*
*Nae matter wha' we do*
*We cuid strike richt lucky*
*An' find mahoosive love*
*But we may choose nae tae bother*
*An' gie a' tha' mushy stuff a shove*
*Either wiy it doesnae matter*
*Life will be jist fine*
*If we jist keep gaun*
*An' supportin' wan anither a' the time.*

**In these days where a'thing's changin' roond aboot us, we huv tae stick taegither an' be thankfoo fur who an' wha' we huv in wur lives.**

Mebbes ye're oot there datin' an' lookin' fur THE WAN, mebbes ye're a' happy an' fixed up wi' the love o' yer life or mebbes ye're happy in yer ain skin an' huvin' a grand auld time oan yer loansome?

Aye weel, nae matter where ye find yersel' in the game o' l-u-r-v-e, it's time tae slip yer tootsies intae yer baffies, park yersel' doon in yer fav'rite chair an' tak' a wee daunder thru this Wee Book. It'll gie ye a few laffs an' it'll raise a wee titter, tha's fur sure.

Let's keep crackin' oan through thae difficult days richt noo, let's keep smilin' an' rememberin' tha' life's short so let's jist gie it laldie!

# ROSES ARE RED

*Roses are red*
*Violets are blue*
*Ah've jist turned seventy-two*
*How auld are you?*

*Roses are red*
*Here's sumthin' new*
*Violets are violet*
*They're no' blue, ya numpty.*

*Roses are red*
*Violets are blue*
*Ah huv the attention span o' a midgie*
*Och look, there's a squirrel!*

*Roses are red*
*Violets are blue*
*Ah want tae order pizza*
*An' watch the telly wi' you.*

*Roses are red
Violets are blue
Ah'm no' hungover
Ah've got a touch o' the flu.*

*Roses are red
Violets are blue
Ah luv ye mair than iron brew
An' pie wi' broon sauce too.*

*Thae roses are deid
Thae violets are wilted
It's Valentine's Day
An' ah've jist been jilted.*

*Roses are red
Violets are blue
Ah'm happy in quarantine
If ah'm wi' you.*

# THE ONLINE DATIN' GAME

**Did ye ken tha' o'er hauf the wurld's population kens sumwan who dates a person they met online? Jings! Mind an' ca' canny, tho' fur there's sum mad mental numpties oot there!**

Still, if ye're thinkin' o' hoofin' it oan tae sum datin' site or app thingumay, howsaboot thinkin' o' writin' a fantoosh attention-grabbin' profile? Hmmm, so how dae ye write the perfect profile – wan tha'll mak' ye look lik' Fraserburgh's catch o' the day?

Weel, we're gaun tae let ye intae a wee secret here. Come 'ere ... come closer... there's a wee trick ye can use tae mak' yer profile staund oot frae the rest. Y'see, it's a' aboot slippin' in clever wee phrases – wee commands - tha'll grab fowk's attention an' mak' 'em sit up an' tak' notice o' ye! Aye, thae wee commands are too guid tae resist. There'll be a stampede o' fowk wantin' tae get in touch wi' ye!

**So, how dae we gang aboot writin' an' earth-shatterin', teeth-chatterin', flag-wavin' profile? Weel, it's a' aboot followin' three steps:**

1. Open wi' a phrase tae hide the sleekit wee command. Fur example, use wurds lik':
   when ye ...
   ye can ...
   the mair ye ...
   if ye were tae ...

2. Slip in the sleekit wee command withoot it bein' obvious.
   Fur example, hide it in among wurds lik':
   imagine ...
   feel ...
   think ...
   notice ...
   remember ...

3. Throw 'em auf the scent by finishin' up wi' a reference tae somethin' they're bound tae feel when they're grabbed by yer stoatin' profile. Fur example:
   a change o' mind ...
   excitement ...
   tha' ah am richt ...
   ye agree ...
   joy ...

Noo, put thae three steps a' the gither an' the job's a guid 'un!
Look-ee here ...

*WHEN YE NOTICE THA' AH'M THE SPIT O' GEORGE CLOONEY
YE'LL JUMP FUR JOY.*

(Mebbes aye? Mebbes naw?)

*THE MAIR YE GET TAE KNOW ME, THE MAIR EXCITED YE'LL BE A' THE
PROSPECT O' TAKIN' ME OOT OAN A DATE!*

(Mebbes naw? Mebbes aye?)

*GAUN YERSEL'! YE'VE DISCOVERED THIT AH'M THE BIGGEST CATCH
IN KIRKCALDY!*

(Big heided?)

*IF YOU WERE TAE TALK TAE A' THE LASSES FRAE LANDS END TAE JOHN
O' GROATS, YE'D STILL END UP FEELIN' THA' AH'M THE ONLY WAN
WHO CAN MAK' YER HEART JUMP FUR JOY!*

(Jings!)

*WHEN YE START TAE REALISE THA' AH'M A MAN O' MY WURD, YE'LL APPRECIATE JIST HOW RARE THA' IS IN THIS UPSIDE DOON WURLD.*

(Mebbes aye? Oh, aye … no' bad …)

*THE MAIR YE GET TAE KNOW ME, THE MAIR YE'LL COME TAE LUV ME.*

(Mebbes aye? Oh, aye … no' bad … no' bad at a' …)

*WHEN YE THINK O' A' THAE LYIN' BAMPOTS OOT THERE, FINDIN' THA' WAN SPECIAL PERSON WHO WILLNAE LET YE DOON AN' IS AS HONEST AS THE DAY IS LANG WILL MAK YE HAPPIER THAN YE'VE IVER BEEN.*

(Crivvens! Big promise, eh? But no' bad, d'ya think?)

*WANCE YE GET TAE KNOW ME, YE'LL BE PANTIN' FUR ME MAIR THAN AN ICE-CAULD BOTTLE O' GINGER OAN A SCALDIN' HOAT DAY IN PAISLEY.*

(Hep ma boab! Time fur a wee lie doon in a darkened room!)

# AH'M A CATCH!

*Aye, ah'm a catch!*
*A' ma pals huv telt me*
*Ah'm richt funny*
*An' ah'm couthie*
*An' ah can play a richt guid tune*
*Oan ma Da's auld mouthie.*
*Sumtimes ah'm a bit crabbit*
*But sumtimes ah'm jist grinnin'*
*An' ah can dae an eightsome reel*
*So's yer heid will be jist spinnin'!*
*But deep deep doon, ah'm honest*
*Jist as the day is lang*
*An' ma will tae huv*
*A rammy hus nivver been tha' strang.*
*Ah jist lik' the quiet life*
*Ah'm jist a simple man*
*So if ye come across a wuid-be lovin' wife*
*Send her here tae me fur ah'm her man!*

# SPEED—DATIN' / WAN LINE OPENERS

**Ye ken tha' thing when w-a-y back when, ye saw an advert fur a speed datin' nicht at yer local pub an' ye signed up fur it straicht awa' cos ye thocht tha' wus a braw idea a' the time?**

An' a' the time yer best pal promised tae go wi' ye but a' the last meenit, the big galloot's gaun an' pulled oot?

An' noo ye're determined tae still gie it yer best shot, e'en tho' ivry last wan o' yer better instincts are tellin' ye tae bide hame wi' a nice wee cup o' cocoa an' a box o' petticoat tails?

Jings, ye've got yersel' intae a richt fankle, eh?

Aye weel, ye're in it up tae yer oxters noo! Jist stick a muckle great smile oan yer coupon an' swot up oan wur handy wan-liners. They'll see ye through the nicht. Nae bother!

**Wha's yer favourite haggis recipe?**
If the reply is 'a bon bon', mak' lik' a scabby wee dug an' flee.
If the reply is 'a pakora', get in ya spicy beautayyyy!

**Who's yer favourite character auf Still Game?**
If the reply is Tam, mak' lik' Usain an' bolt.
If the reply is Isa, awwwwww, stick aroond the wee sauftie.

**Wha's yer fav'rite pickle?**
If the reply is a pickled egg, mak' lik' a tree an' leave.
If the reply is a gherkin, gie it time - it cuid be guid start.

**Wha's yer fav'rite cocktail?**
If the reply is a Buckie White Russian, mak' lik' a banana an' split.
If the reply is a Whisky Mac, gie it a chance wi' the classy piece.

**Where's yer fav'rite holiday destination?**
If the reply is Hameldaeme or Twechar Beach, mak' lik' a 'plane an' tak' auf.
If the reply is onywhere else, grab yer passport an' get packin'.

**Wha's yer fav'rite cheese?**
If the reply is Dairylea triangles, mak' lik' a bee an' buzz auf.
If the reply is Morangie Brie, well hullo there, ma wee posh pal.

**Wha's yer fav'rite Sydney Devine record?**
If the reply is ... weel ... onythin' at a' ... mak' lik' an atom an' split.

# MA WEE SLEEPY CAT

*Ma wee bonnie sleepy cat*
*Is the great luv o' ma life*
*Ah luv tae snuggle doon wi' her*
*She calms me doon thae days when stress is rife*
*She's ma wee ray o' sunshine*
*She's ma wee trouble an' strife*
*But ivry time ah leave the hoose*
*She goes huntin' fur her tea*
*An' it's no' jist the odd wee moose*
*It's robins, pigeons, sparras,*
*An' a' sorts o' wee beasties tae*
*She leaves 'em fur me as presents*
*Cos she thinks she's being kind*
*An when ah walk roond the hoose*
*Unsuspectin', wi' ma baffies left behind*
*Ah feel wee things get stuck tae me*
*Richt between ma tootsies*
*An' they're the times ah tell ma cat*
*Tha' she shuid vamoose an' jist get ootsie!*

AH'VE BEEN TELT AH'VE GOT
THE SMOKIN' HOAT BODY O' A
YOUNG SEAN CONNERY AN' THE
CRACKIN' SENSE O' HUMOUR
O' WEE JIMMY KRANKIE.

OCH, HAUD OAN.

AH'VE GOT THA' THE WRANG
WAY 'ROOND.

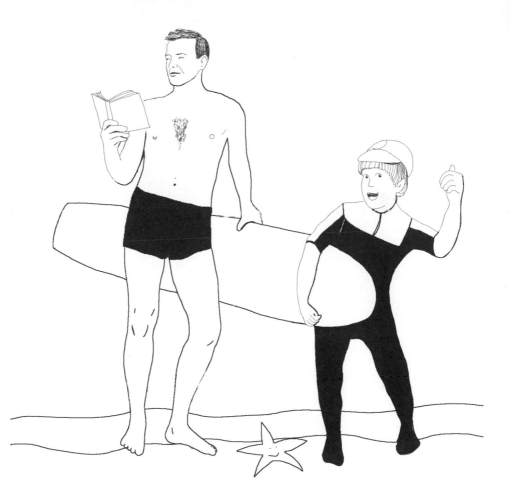

# SAINT VALENTINE'S DAY

## Who wus Saint Valentine?

There wur a' least three diff'rent saints cried Valentine or Valentinus, an' it's said tha' wan o' them dates back as far as 270AD. A' tha' time, the Emperor Claudius II wanted men tae join his army but cuidnae find mony volunteers cos they wanted tae settle doon wi' their wives an' families. Course they did! Still, he tried tae grow his army by startin' tae think aboot outlawin' marriage.

The very notion wus ridiculous tae a priest cried Valentine so he set aboot daein' sumthin' aboot it! Valentine set aboot secretly unitin' couples in marriage, often bein' their only witness. He soon became kent as 'the friend o' lovers'. Awwww.

Weel, the Emperor copped oan tae this, went oan the radge an' threw Valentine in prison. Whilst he wus in prison wan o' the guards brocht his blind daughter tae him in the hope tha' he'd cure her. Some say tha's exactly wha' he did, but a' tha's kent fur sure is tha' Valentine an' the girl developed a close luvin' bond.

Things didnae go weel fur Valentine an' he wus sentenced tae execution. Jist afore he met his fate, Valentine wrote tae his girl wan last time an' signed auf 'From Your Valentine'. Again, awwww.

**Why does Valentine's Day fa' oan 14th February?**
King Henry VII officially declared 14th February as the holiday
o' St Valentine's Day an' it's stuck iver since.

**Who sent the furst Valentine's Day card?**
It's said tha' the Duke o' Orleans sent the earliest Valentine's card tae his
wife whilst he wus a prisoner in the Tower o' London in the 15th century.

**Why is red the colour o' Valentine's Day?**
It wus believed tha' the heart wus the part o' the body tha' the feelin'
o' luv came frae. As the heart pumped red blood 'roond the body, the
colour became the symbol o' lurve. Awwww.

GENTEEL LADY WHO LIK'S THE FINER THINGS IN LIFE WUID LIK' TAE MEET REFINED GENTLEMAN OOTSIDE THE CHIP SHOP OAN VALENTINE'S DAY.

# MAN'S BEST FRIEND

28

**Tha' ol' sayin' tha' a dug is man's best friend hus a bit o' truth in it. Thing is, dugs are unique – they mak' eye contact wi' humans they care aboot or e'en a stranger who they sense is a pal. Aye, only dugs dae tha'. Cats, birds, horses, hamsters ... naw, none o' thae wee beezers mak' eye contact unless they associate ye wi' food. Only yer dug will mak' an' hud eye contact tae 'tell' ye somehin' or tae communicate wi' ye. Tha's wha' prompts wur special bonds wi' dugs – we can communicate wi' them an' unnerstaund them. Awwww.**

If ye look a dug richt in the e'en, the dug will look back a' ye an' wha' happens then? Ye'll huv an involuntary response – ye'll produce the luv hormone cried oxytocin. Tha' hormone is the same as the wan produced by Mammies 'roond their weans. Awwww.

Aye, makin' eye contact wi' a dug will mak' ye feel a' sauft an' fuzzy. Mind, the dug will dae sumthin' a' sauft an' fuzzy richt back – it'll wag its tail. Aye, yer wee dug's tail wag is jist lik' its smile when it's meetin' a pal. Awwww.

Mind, tha's no' a' when it comes tae dugs. Thing is, a' sorts o' fowk drift in an' oot o' wur lives.  Pals, boyfriends, girlfriends, a'sorts, a'body ... but yer dug ... naw ... yer dug's there fur ye in a' weathers ... rain, hail or shine. Awwww.

Yer dug's a'ways waitin' a' hame fur ye lik' a waggy wee bampot jumpin' up a' ye lik' ye're a Rockstar, lik' ye're Robbie Williams or Madonna or Lewis Capaldi. In yer dug's eyes, ye're jist pure deid brilliant nae matter whither ye've jist won the lottery or whither ye've jist drapped yer last piece jammy side doon. In ither wurds, wha' ye get frae yer dug is pure unconditional lurve. Aye, yer dug's heart beats jist fur ye. Awwww.

LOVE ME, LOVE MA DUGS. MAN WI' A PACK O' HUSKIES IS LOOKIN' FUR AN EASY—GAUN PARTNER WI' A GIANT POOPER SCOOPER AN' A MUCKLE GREAT GARDEN THE SIZE O' ARGYLL.

# MA WEE DUG

*Ma wee dug is a' ah need*
*When ma days are lang an' cauld*
*An' when ah dinnae feel ma best*
*When ah feel tired an' auld*
*Ma wee dug jist looks a' me*
*Lik' ah'm a beauty queen*
*An' thinks ah'm jist the bonniest thing*
*Tha' he has iver seen*
*We cuddle up the gither in front o' the big telly*
*An' he doesnae mind, no' wan wee bit*
*Tha' ma socks are kinda smelly*
*He gies me a' the luv ah need*
*An' ah gie him the same richt back*
*He's a great pal tae huv in life*
*That's ma wee dug, Wee Braw Jack.*

A SCOTTISH LUV STORY
ROBERT BURNS AN' NANCY CRAIG

**Wan o' the intriguin' luv stories o' wur Scottish history is tha' of Robert Burns an' Nancy Craig.**

Robert met Nancy, who wus christened Agnes Craig an' later came tae be kent by her married name, Agnes Maclehose, in Edinburgh in 1787. A' the time, she hud bin livin' apart frae her husband, who wus by then a slaveowner in Jamaica, fur aboot seven years. She'd left him becos o' his cruelty. A' tha' time women wurnae educated, but Nancy was unusual. She wus a woman who'd read widely an' wus a poet in her ain richt. It wus Nancy who'd gaun a' oot tae meet Burns, an' soon they fell heid o'er heels.

They left a whole jing bang load o' passionate luv letters ahint them, signin' them auf poetically wi' the names Clarinda an' Sylvander. They're pretty steamin' an' if ye want tae gie yersel' a treat, hoof it o'er tae the Robert Burns Birthplace Museum wan day tae tak' a swatch a' wha' Sir Walter Scott cried, 'the most extraordinary mixture of sense and nonsense, and of human love and divine, that was ever exposed to the eye of the world.'

**Burns wuid write:**

*You are an Angel, Clarinda: ... To kiss your hand, to live on your smile, is to me far more exquisite bliss than the dearest favours that the fairest of the sex, yourself excepted, can bestow.*

Aye, tha' wus all weel an' guid, but Nancy wusnae free tae be wi' Burns an' Burns wus no' a man to heng aboot. Much has been written aboot this in thae history books. Still, Burns married his wife, Jean Armour in 1788 an' there wus nae foolin' this bravehearted, lang-sufferin' woman!

Still, Burns an' Nancy met up in Edinburgh fur the last time oan 6 December, 1791 an' oan 26 December, he sent her a letter containing the wurds o' 'Ae Fond Kiss', which went oan tae be wan o' the most famous luv songs o' a' time.

Nancy went oan tae live fur anither 45 years efter Burns's death, but she'd still note doon in her journal anniversaries o' things she'd shared wi' him unner the heading, 'Things I Never Can Forget'. Awwww, noo tha' is romantic, eh?

## AE FOND KISS

*Ae fond kiss, and then we sever;*
*Ae fareweel, alas, for ever!*
*Deep in heart-wrung tears I'll pledge thee,*
*Warring sighs and groans I'll wage thee.*
*Who shall say that Fortune grieves him,*
*While the star of hope she leaves him?*
*Me, nae cheerful twinkle lights me;*
*Dark despair around benights me.*
*I'll ne'er blame my partial fancy,*
*Naething could resist my Nancy:*
*But to see her was to love her;*
*Love but her, and love for ever.*
*Had we never lov'd sae kindly,*
*Had we never lov'd sae blindly,*
*Never met-or never parted,*
*We had ne'er been broken-hearted.*
*Fare-thee-weel, thou first and fairest!*
*Fare-thee-weel, thou best and dearest!*
*Thine be ilka joy and treasure,*
*Peace, Enjoyment, Love and Pleasure!*
*Ae fond kiss, and then we sever!*
*Ae fareweeli alas, for ever!*
*Deep in heart-wrung tears I'll pledge thee,*
*Warring sighs and groans I'll wage thee.*

# FIRST DATE RED FLAGS

**Ye ken tha' thing when ye sense tha' sumthin's no' quite richt oan a first date? Is there a red flag, e'en twa red flags, or a hale jing bang sea o' red flags?**

Heng aboot, wha' is a red flag anyhoo? Och, it's ...

... when they show up wearin' a unicorn onesie/a pair o' Mickey Moose ears/a monocole

... when they say, ***Whoa! Ye look a lot fatter/older/uglier than ye dae in yer profile photo!***

... when they say they huv tae be quick cos their Mammy's picking them up at eight

... when they ask whither their pal can join ye's

... when they brush their teeth a' the dinner table

... when it turns oot ye're related

... when it turns oot they went tae school wi' yer Maw or yer Da

... when it turns oot they gang tae school wi' wan o' yer weans

... when they sing alang tae background music, start swayin' an' cryin', *A' the gither noo!*

... when their e'en are glued tae their phone a' nicht an' a' they dae is mumble tae ye, *Eh? wha' wus tha' ye were sayin'?*

... when they say, *Shuid ye really be huvin' tha' puddin'?*

... when they try tae mak' a joke an' 'score' ye oot o' ten an' they gie ye less than ten

... when they ask, ***Will ye marry me?***

... when they start suggestin' names fur the weans they're gaun tae huv wi' ye

... when the waiter whispers tae ye, ***Guid luck, ye're the third wan this week!***

... when they say they're nippin' awa' tae the lavvy an' dinnae come back

... when they use a calculator tae split the bill

... when they insist tha' ye pay the hale bill

... when they hoof it awa' jist as the bill arrives

# HIDDEN CHARMS

*Ah'm a lassie who luvs a laff*
*Who luvs life tae the max*
*Who liks a nice wee cup o' tea*
*An' liks tae kick back an' relax*
*Look past wha' ye think ye see*
*Ye may jist be surprised*
*Fur ma charms lurk weel hidden*
*Ah gang aboot casual, in disguise*
*Aye, ah can tell thae jokes galore*
*Jist lik' yon auld Chic Murray*
*An' ah'm a groover oan the dance floor*
*So dinnae be in a hurry*
*Tae write me auf lik' sum random lass*
*Och, ye shuid tak' yer chances*
*Fur if ye dinnae, ye'll be richt sorry*
*Oan missin' oot oan wan o' life's great romances!*

# TEXTIN' AN' ROMANCIN'

| | |
|---|---|
| AFFY | Ah Fair Fancy Ye |
| **AG2RFMB** | **Ah've Got Tae Run Fur Ma Bus** |
| AMYBOMC | Ah Miss Ye Blawin' Oan Ma Chips |
| **ATBSB** | **Aye Tha'll Be Shinin' Bright** |
| BYOB | Bring Yer Ain Buckie |
| **BYWJKO** | **Bring Yer Wee Jimmy Krankie Outfit** |
| CRFAFS | Come Roond Fur A Fish Supper |
| **CU4AS** | **See Ye Fur A Swally** |
| GNDT | Gonnae Nae Dae Tha' |
| **GOIP** | **Git O'er It Pal** |
| IBOI | Iron Brew's Oan Ice |
| **KFAM?** | **Ken Fit Ah Mean?** |
| KISYN | Keep It Simple Ya Numpty |
| **LCIAWT** | **Let's Coorie In An Watch Taggart** |
| LMF2F | Let's Meet Fizog Tae Fizog |
| **LTMSDA** | **Laughin' 'Til Ma Sporran Draps Aff** |
| LTNS | Lang Time Nae See |

MBSS ........................... Ma Big Stoatin Scotsman
**MWHH** ....................... **Ma Wee Highland Honey**
MYAB ........................... Mind Yer Ain Beeswax
**NBD** ............................ **Nae big Deal**
NPP .............................. Nae Probs Pal
**TMAABP** ..................... **Trust Me Ah'm A Bag Piper**
TMAFG ........................ Trust Me Ah'm Frae Govan
**UGTBTM** ..................... **Ye've Got Tae Be Talkin' Mince**
YAUN ........................... Ye're Auf Yer Nut
**YGYD** ...........................**Ye're Gaun Yer Dinger**
YPGBTW ..................... Ye're Pure Gallus By The Way
**YPIITP** .......................... **Yer Pie Is In The Pinger**
ZZZZ ........................... Ah'm Puggled

# YE LIK' BAD LADS? YE'LL LOVE ME. AH'M BAD AT A'THING. AH CANNAE E'EN TIE MA AIN SHOELACES.

# BODY LANGUAGE – LET YER BODY DAE THE TALKIN'

**Flirtin' isnae jist aboot the patter. In fact, the patter doesnae matter if ye get the heng o' sum gentle body language flirtin'. If ye get yer body language richt, ye cuid talk aboot the price o' Arbroath smokies, how the tatties oan yer allotment are comin' alang or how much ye jist luv Sydney Devine, an' ye'd still be seen as come-o'er-here-ma-wee-pal roasty toasty.**

Mind, body language is no'only aboot the winchin', it's aboot formin' bonds wi' fowk a' aboot ye. If ye get a heng o' it an' practice 'til it becomes second nature, it'll change yer wurld.

It's a' aboot communication an' body confidence, but be carefoo ye dinnae tip o'er intae o'er confidence. There's nothin' sexy aboot sumwan who struts aroond wi' a big arrow o'er their heid flashin', Ah'm pure deid sexy an' a know it. An' sure, dinnae tip o'er intae the horrors o' invadin' sumwan's space. There's nothin' attractive aboot gaun up tae sumwan, snout tae snout. It's enuf tae mak' anywan run fur their lives!

50

So, how dae ye dae learn thon body language thing? Weel, it's best tae keep it simple. It's said tha' it's diff'rent fur the sexes but in general, ye cannae go wrang wi' these wee beauties:

## KEEP YER BODY LANGUAGE OPEN

If ye want tae use yer body language tae project a sense o' bein' open an' friendly, ye huv tae aim tae appear open an' approachable. Dinnae put up ony kind o' shield. Tha' means tha' ye shuidnae cross yer arms, an' dinnae put a barrier atween ye an' the ither person lik' a haundbag or yer Granny's cardi or … wait fur it … wait fur it … yer 'phone.

## EYE CONTACT

Look 'em straicht in the e'en an' keep the gaze. Watch tha' ye get this richt, tho'. Ye dinnae want tae stare like Begbie in Trainspottin', wi' yer chin juttin' oot an' the c'mon-if-ye-think-ye're-hard-enuf thing gaun oan. No way! Ye want tae convey the gentle, subtle ah'm-connectin' -wi'-ye thing. Awwww, tha' wurks, fur sure. Mind, dinnae push it too far cos studies huv shown tha' simple eye contact fur two minutes or mair can make e'en a stranger fa' in luv wi' ye. Keep tha' in mind next time ye're oan the bus!

## SMILE

It's a winner! Naebody wants tae be near a crabbit-erse!

## TOUCH

Wee touches o' the haund or the arm are a pure sign tha' ye're interested in sumwan, an' watch wha' happens when thae wee touchy-feely signals come richt back. Mind, if it gets a bit too touchy-feely, it's time tae hoof it pronto!

## MIRRORING

When twa fowk are hittin' it auf, look tae see how their body language starts tae instinctively mirror wan anither. Awwww, it'll mak' ye feel a' warm an' fuzzy.

WHEN AH GROW UP AH WANT TAE BE AN ASTRONAUT. OR MEBBES A TRAIN DRIVER. NAW WAIT, HOWSABOOT A DEEP SEA DRIVER? OR MEBBES A TAP DANCER? YOUNG AT HEART FORTY—SUMTHIN' SEEKS MATURE MATE. GET IN TOUCH WI' ME A' MA MAMMY'S HOOSE.

# RANK PATTER

Ye ken tha' thing when ye're staundin' at the bus stop or in the chip queue or a' the Poondland checkout or in the pub or a' the bowls or a' the bingo, an' ye see sumwan ye kinda fancy but ye dinnae ken how tae mak' the furst move? An' ye ken when ye dae tha' thing o' reachin' fur the furst chat up line tha' comes tae mind but as soon as it floats oot o' yer mooth ye wish ye'd kept yer big trap shut? Aye? Weel, thae rank chat-up lines will strike a chord wi' ye ...

Dinnae fash, ah'm here noo.

**Ye must be fair puggled cos ye've been runnin' through ma mind a' day.**

Asides frae bein' a wee belter, wha' dae ye dae fur a livin'?

**Dae ye believe in luv at first sicht, or shuid ah walk oan by again?**

Wus yer Da a thief? Cos sumwan stole the stars frae the sky an' put them in yer e'en.

**Dae ye want tae come hame wi' me an' check oot ma iron brew labels?**

Ma pal o'er there wants tae know if ye think ah'm a bobbydazzler.

**Ah've lost ma phone number, can ah borrow yours?**

Ye're so hot, if ye sat yer bahookie doon on top o' Ben Nevis ye'd cause a meltdoon.

**Dae ye know tha' they're givin' oot free swally nae far frae here?
At ma hoose.**

Ye're hotter than tha' spot unner ma laptop.

**Dae ye know wha' material ma kilt is made o'? Boyfriend material.**

Ah'm nae actually this tall. Ah'm sittin' oan ma wallet.

**Ah didnae ken tha' angels cuid fly so low.**

Cuid ye pick thae wee things up auf the flair? Ye've jist made ma e'en pop oot o' ma heid.

**Did ye land oan yer bahookie when ye fell oot o' heaven?**

Is yer name Jacobs cos ye're a real cracker?

**Can ah huv yer picture cos ah want tae show Santa wha' ah want fur Christmas?**

Are ye a magician? Cost when ah look a' you, ivrywan else disappears.

**Cuid ye gie me a loan o' a map cos ah keep gettin' lost in yer e'en.**

Put doon thon doughnut. Ye're sweet enuf a'ready.

**Can ah tak' a picture o' ye so ah can show Santa Claus whit ah want fur Christmas?**

Naw, this isnae a beer belly. This is a fuel tank fur a l-u-r-v-e machine!

**Ah must be in wan o' thae fancypants museums cos ah'm lookin' a' a wurk o' art.**

If ye wur a fruit, ye'd be a fineapple!

Well, here ah am. Noo, wha' are yer ither twa wishes?

IF YE WERE AN ANIMAL, WHA' ANIMAL WUID YE BE? AH'D BE A MUCKLE GREAT HIGHLAND COO BUT SURE, AH'M LOOKIN' FUR A WILD CAT!

# LATE FUR A DATE!

*Jings, crivvens an' help ma boab!*
*Ah'm gaun oan a date!*
*An' wuid ye jist look a' the time?*
*Ah'm thirty meenits late!*
*Ah hud tae watch the fitba'*
*An' the snooker tae*
*Ah hud a teeny wee swally*
*Weel, ah've hud a stressy day!*
*If ah hud the lass's number*
*Ah'd call her tae explain*
*Aye, ah'd jist gaun gie her a wee ring*
*But tha's no' oan the cards*
*So when ah finally get tae the pub*
*Ah'll win her o'er wi' a wee Highland fling!*

# BONNIE PRINCE CHARLIE
# – THE ROMANTIC JACOBITE

**Bonnie Prince Charlie wus a character in Scots history who wus said tae huv hud the ability tae mak' wummin swoon.**

He wus born Charles Edward Louis John Casimir Sylvester Severino Maria Stuart in 1720. Kent as 'The Young Pretender', he wus head o' the Jacobite Risin' o' 1745. In the midst o' his campaign tae restore his faither tae the throne, he set oot tae whip up support fur the Jacobite cause. Wan o' the wiys he tried tae dae this wus tae go a' oot tae attract 'persons o' rank and fashion' in Edinburgh. Fancypants, eh?

Followin' the Battle o' Prestonpans, Prince Charlie threw a' sorts o' balls an' shindigs a' the Palace o' Holyrood where he'd set up court an' jings, he wus the star o' ivry show! He'd arrive in tartan silks, crimson velvet breeks an' military boots. He'd set aboot wurkin' the room, an' homin' in oan his female guests lik' an 18th century laser beam.

**Wha' did he look lik'? Weel, it wus said tha' he wus tall an' handsome. He wus described as havin' a perfect oval face, a Roman-style nose an' a small mooth which they said gave him an 'effeminate appearance'.**

It wus written tha' 'few persons could resist his attractions' an' it wus his effect oan 'the fairer sex' tha' brought aboot the change in public feelin' towards the Jacobite cause.

Shortly efter Bonnie Prince Charlie arrived in Edinburgh, a proclamation wus made tae his faither, King James VIII at the Mercat Cross. Few men were seen oan the street tha' day but the windaes o' a' the hooses roond aboot were reported tae be 'filled with ladies' who 'testified the intensity of their feelings by straining their voices to the utmost pitch, and with outstretched arms waving white handkerchiefs in the honour'. Jeez-oh!

Efter the English army arrived in Edinburgh, the ladies o' the city continued tae wear the Jacobite badge an' couldnae care less aboot the Duke o' Cumberland's officers. They'd a'most a' fallen fur Bonnie Prince Charlie an' his charms. Gaun yersel'!

Aye, Bonnie Prince Charlie had a' the moves. Duncan Forbes, President o' the Court o' Session wrote, 'All Jacobites, how prudent soever, became mad; all doubtful people became Jacobites; and all bankrupts became heroes, and talked of nothing but hereditary rights and victory, and what was more grievous to men of gallantry, and if you will believe me, much more mischievous to the public, all the fine ladies, if you will accept one or two, became passionately fond of the young Adventurer, and used all their arts and industry for him in the most intemperate manner'. In ither wurds, he'd whipped up a richt ol' rammy!

Bonnie Prince Charlie left Edinburgh fur England, arrivin' in Carlisle less than twa months efter Prestonpans. His military campaign – an' his charm offensive – wus tae carry oan an' oan. Aye, it's a colourful tale an' the stuff o' legends in mony wiys!

# CHARLIE, HE'S MY DARLING
## *By Robert Burns 1794*

'Twas on a Monday morning,
Right early in the year,
That Charlie came to our town,
The young Chevalier.

Chorus - An' Charlie, he's my darling,
My darling, my darling,
Charlie, he's my darling,
The young Chevalier.

As he was walking up the street,
The city for to view,
O there he spied a bonie lass
The window looking through,
An' Charlie, & c.

Sae light's he jumped up the stair,
And tirl'd at the pin;
And wha sae ready as hersel'
To let the laddie in.
An' Charlie, & c.

He set his Jenny on his knee,
All in his Highland dress;
For brawly weel he ken'd the way
To please a bonie lass.
An' Charlie, & c.

It's up yon heathery mountain,
An' down yon scroggie glen,
We daur na gang a milking,
For Charlie and his men,
An' Charlie, & c.

# LOVE LOCKS ON THE FORTH BRIDGE

**If ye want tae cry yer luv tae the hale wurld an' lock it up safe an' secure, ye cuid a'wiys think aboot buyin' a love lock an' fastenin' it tae the Forth Road Bridge in Sooth Queensferry.**

Awwww, it's a braw idea based oan wha' happened o'er in France, oan the Pont des Arts in Paris, the city o' l-u-r-v-e. Heng aboot tho', a'body got carried awa' o'er there an' the weight o' aboot wan million locks made part o' the bridge's railin's collapse Imagine tha'! Who said luv ain't heavy? (See wha' ah did there?)

Anyhoo, the lovelocks project is still gaun strong here in Scotland an' thoosands o' romantic couples huv attached special padlocks tae the Forth Road Bridge, raisin' thoosands o' poonds fur charity. Some o' the locks are engraved wi' sum o' the bonniest sentiments iver.
***Tigger and Sausage Forever***
***Happy days, Senga & Harris***
***She said yes!***
***Maureen & Norma, Now and Always***
Naw, naw … we're nae greetin' … we've jist got somethin' in wur e'en …

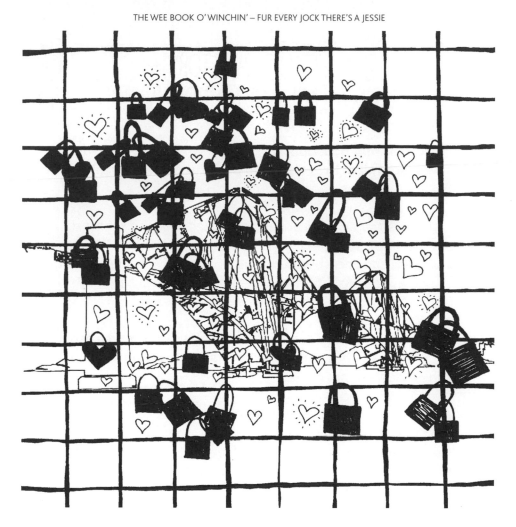

# A SCOTTISH LUV STORY – WILLIAM WALLACE AN' MARION BRAIDFUTE

**Altho' historians noo question the story, it wus long believed tha' William Wallace fell in luv wi' Marion Braidfute a' furst sicht in Lanark in 1296.**

Marion, whose father an' brother had been killed, wus the heiress o' Lamington an' wus betrothed tae the Sheriff o' Lanark's son. Tae keep it a' a secret frae the Sheriff, William wus said tae huv married Marion in secret, and legend hus it tha' they went oan tae huv a baby girl the gither.

As time went oan, the story goes tha' he became mair carefree aboot his life wi' Marion an' their baby, spendin' mair an' mair time in Lanark, an' headin' straicht fur her hame.

Wan day, it wus said tha' he became involved in a slangin' match wi' English soldiers who ended up tauntin' him tha' the baby wusnae his. Weel, Wallace wusnae staundin' fur this! He went oan the radge, killin' o'er fifty English soldiers. He wus backed up by his own men, an' he fled tae Marion's hoose.

The story goes tha' the Sheriff came lookin' fur Wallace there an' as Marion stalled fur time, Wallace made his escape. As soon as the Sheriff realised tha' Wallace hud gone, he broke doon the door an' killed Marion stone deid.

It's said tha' Wallace went auf his nut an' returned straichtawa' wi' his men tae behead the Sheriff, kill twa hunner o' his army an' drum the English oot o' Lanark tha' very nicht.

Whoa! Wharrastory.

# THE MILK TRAY MAN

**Did ye ken tha' there wur adverts which ran frae 1968 tae 2000 in the UK which featured wha' wus thocht a' the time tae be the ultimate romantic scene? Aye, thae adverts depicted a gadgie riskin' life an' limb tae quietly leave a box o' chocolates fur a wummin where he kent fine she'd stumble upon them lik' oan the bed, in the kitchen or oan a cushion in the front room. Awwww.**

Aye, thae adverts wur Milk Tray adverts which featured a daredevil action gadgie who'd dae a'most anythin' tae deliver a box o' chocolates tae the object o' his luv an' desire. He wus nivver revealed tae the telly viewers – funny tha'.

Jings, the Milk Tray Man wus kept fair busy in his day. He wuid battle sharks, skoosh doon ragin' torrents an' dodge in an' 'roond avalanches. He'd climb up an' sneak through his fancy's window late at nicht, leavin' a callin' card an' a purple box o' chocolates an' he'd dae it **a' becos the lady loves Milk Tray.**

So, next agin time sumwan says tae ye, **Ah'm nae hoofin' it a' the wiy doon tae the shop a' this time a' nicht in this mingin' weather jist cosye fancy a sweetie,** jist ye remind them tha' the Milk Tray Man swam,skied, dived, jumped an' climbed jist tae leave behind a wee box o' chocs fur his beloved tae scoof doon. If he can dae a' tha', then sure they can stick oan their baffies an' leg it doon tae the corner shop!

# HOW ARE YOU DAEIN'? JIST WHA' KIND O' FLIRT ARE YE ANYHOO?

**If ye were an animal, wha' kind o' animal wuid ye be?**

a.  A leopard, ready tae pounce.
b.  A deer, roaming the hills, calm an' a' wan wi' yer surroundin's.
c.  A wee hamster playin' in a cage an' fannyin' aboot roond a wheel.

**How wuid yer friends describe ye?**

a.  Scary as ...
b.  No' bad, no' bad a' all.
c.  Mad mental heidcase.

**Where's yer ideal furst date spot?**

a.  Oan top o' a mountain - och mak' it a Munro, why no'?
b.  In a nice wee café, sittin' by the fire.
c.  In a bouncy castle.

## How comfortable are ye wi' flirtin?

a. Very!  Ah've got a' the moves an' anyhoo, wha's no' tae luv aboot me?
b. Ah dinnae ken wha' flirtin' is, really. Ah'm jist me an' ah'm interested in gettin' tae know fowk.
c. Ah jist start oan the ol' jokey patter. By the time ah get tae ma Knock-Knock jokes, ah'm sure tae be oan fire.

## Wha's yer best flirtin' move?

a. Ye jist go straicht up tae yer crush an' say, 'ah fancy YOU, how aboot it?'
b. Eh?  Och, ah jist chat, ask loads o' questions, listen an' smile, smile an' smile sum mair.
c. Ah dance as if a'body's watchin'. Nae mair o' thon breakdancin', tho' – no' since ah did ma back in.

## In yer wurst nightmare, how does yer flirtin' go wrang?

a. Go wrang? Get real. It doesnae iver go wrang, e'en in ma wildest dreams.
b. Ah sleep lik' a log. Ah dinnae hae thae kind o' dreams.
c. Oooft, ma nightmare is that ma crush doesnae think ma moves an' ma patter's funny an' starts tae talk politics an' tha'. Eurgh.

## How wuid ye describe yer crush?

a. The hottest person in the wurld, an' a'body can see it.
b. Interestin', lovely.
c. The cuddliest wuddliest funniest cutest person iver.

## If ye answered mainly a's:

Ye're a big bold gallus wan, eh? Nothin' stops ye frae gettin' wha' ye want, or mebbes no'. Mebbes … jist mebbes … ye push things too far an' oftentimes yer crush tells ye tae push auf. If ye were James Bond, ye'd be Sean Connery oan a bad day – oan a day when his martini wus stirred instead o' shoogled.

## If ye answered mainly b's:

Ye're a' richt, aren't ye? Ye're happy in yer ain skin an' ye're happy jist tae go wi' the flow. The b's are where we a' want tae be!

## If ye answered mainly c's:

Are ye wee Jimmy Krankie? Naw, seriously. Are ye?

# CHIC MURRAY OAN
# L-U-R-V-E AN' MARRIAGE

*After I told my wife that black underwear turned me on, she didn't wash my Y-fronts for a month.*

**She had been married so often she bought a drip-dry wedding dress.**

*If it weren't for marriage, husband and wives would have to fight with strangers.*

**My girlfriend's a redhead; No hair, just a red head.**

*I first met my wife in the tunnel of love. She was digging it at the time.*

**She's a classy girl though, at least all her tattoos are spelt right.**

*My wife went to a beauty parlour and got a mudpack; for two days she looked nice, then the mud fell off.*

# BILLY CONNOLLY OAN L–U–R–V–E AN' MARRIAGE

*Marriage is a wonderful invention: then again, so is a bicycle repair kit.*

**I know a Scottish guy who loved his wife so much that he told her he loved her one day.**

*Roses are red*
*Violets are blue*
*I'm a schizophrenic*
*And so am I.*

**So, have you heard the one about the oyster who went to a disco and pulled a mussel?**

*If you give people a chance, they shine.*

80

DENTIST BY DAY, VAMPIRE BY NICHT CANNAE WAIT TAE GET HIS TEETH INTAE A FULFILLIN' NEW RELATIONSHIP.

# A FEW WEE WINCHIN' JOKES

Ye can tell a load aboot a wummin jist frae her haunds. When she's haudin' a fryin' pan an' wavin' it roond, tha' usually means she's angry.

**Spoke tae ma girlfriend last nicht, efter ma WIFI went doon. She seemed lik' a nice lass.**

'Jings, crivvens an' help ma boab! Me too!!' – said ivrywan oan a first date.

**Ah must be part squirrel, ah attract a' the nuts!**

Ah wance dated a weather girl, we talked up a storm!

**Ah've fallen in love wi' a pencil an' we're getting' married. Ah cannae wait tae introduce ma parents tae my bride 2B.**

It hus been a very emotional day. As sum o' ye's must huv noticed, e'en the cake is in tiers.

**Wife: "Wur new neighbor a'wiys kisses his wife when he leaves fur work. Why don't ye dae tha'?"**
**Husband: "How can ah? Ah dinnae e'en know her."**

Ma wife says ah nivver listen ... or sumthin' lik' tha'.

**Whenever ma wife packs me a salad fur ma lunch all ah want tae know is, wha' did ah dae wrang?**

Ma husband cooks fur me lik' ah'm a goddess – by placin' burnt offerin's afore me ivry nicht.

SUSAN COHEN

PARLIAMO WINCHIN'
WHENYECUIDNAEGIEAHEEHAW!

**WHIRRABOOTGAUNFURRADAUNDURWIME?**
How would you like to go out for a walk in my company?

**NAECHANCELAYAFFYANAFF**
No, I won't be doing that, you silly thing.

**HOWNO?**
Why not?

**AVHURDYERADURTIBROOTSOCURRITOOT!**
I've heard bad things about you so I thank you not to ask me again.

**AWCMOAN**
Won't you reconsider?

**WILLYESTOPYEDOPE?**
Don't ask again, you stupid person.

**OCHAMAUFAMGAUNFURRADAUNDUROANMALONESUM**
I think I'll take my leave and go for a walk on my own.

**AYEGAUNYABAM! YERBUMZUTRAWINDAE.**
Yes, off you go, you annoying person. You're just not my type.

*Credit where credit's due: thanks tae the inspiration provided by Stanley Baxter's Parliamo Glasgow.*

DAE YE LIK' PINA COLADAS
AN' GETTIN' CAUGHT IN
THE RAIN? DAE YE LIK'
WARM CANS O' EXPORT AN'
GETTIN' DROOKIT IN THE
SLEET? EITHER WIY, COME
WI' ME AN' ESCAPE

# THE LAW O' ATTRACTION: WHA' DAE YE WANT, WHA' DAE YE REALLY REALLY WANT?

Wha' is it tha' ye want, tha' ye really really want, ye spicey wee thing, ye? If ye dinnae ken, ye'd better get yer napper 'roond it sharpish cos the Law o' Attraction dictates tha' ye can huv onythin' yer heart desires if only ye lob it oot into the Universe an' help it alang.

**Noo, how dae ye dae tha?**
- Ye keep yer thocts directed a' yer goal.
- Ye dae ivrythin' tha' ye can tae mak' it happen.
- Ye decide – fur sure – tha' it WILL happen.
- Ye keep yer e'en peeled an' stay oan the lookoot fur a' thae opporchancities tha' come yer wiy.

**So, it's time tae get yer heid straicht an' yer mind focused oan wha' ye want. An' wha's tha, eh?**
- A big gallus Heighlander wi' a muckle great sporran an' a set o' pipes tha' wuid call the stars doon frae the sky?
- A bonnie braw lassie wi' a quick brain an' a smile tha' wuid stop the traffic oan Kilmarnock High Street?
- A quiet life in a comfy cosy chair in front o' a roasty toasty open fire wi' a lifetime's supply o' pandrops an' a daily dose o' Netflix?

Wha'ever it is ye want, park yer erse an' clear yer heid in a quiet space, where there's nae clatter, nae chatter, nae stramash, nae fuss, nae nothin'.

Wance ye get there, jist sit quiet and let yer thochts settle doon 'til yer napper feels as clear as a crisp Spring day oan the Dava Moor.

When ye get yer heid tae tha' quiet calm place, project a clear message oot intae the Universe tellin' it jist wha' is it tha' ye want. Noo, stay wi' tha' fur a while an' focus oan wha' it is ye want. Focus ... focus ... focus ... really step intae it.

Aye, tha's the wiy tae start the Law o' Attraction in motion.

Tae help alang the process o' attractin' wha' ye want in yer life, really believe tha' ye're a'ready livin' yer dream. Gaun fake it 'til ye mak' it! Live, eat, sleep an' breathe the reality o' wha' ye want in yer life. Get a' confident aboot it! Doll yersel' up, hud yer heid high an' fully expect guid things tae happen tae ye – tha' wiy, they will! Ye'll bring it a' aboot yersel'!

GENUINE LADY SEEKS
GENEROUS GENTLEMAN
TAE HUV AN' TAE HAUD,
FUR RICHER FUR POORER.
OAN SECOND THOCHTS,
LET'S JIST FOCUS OAN
THE RICH BIT.

# YE KEN THEY'RE KEEPERS WHEN ...

**... they say tha' yer bahookie doesnae look big in onythin'**

... they offer ye the last battered sausage oot o' their munchie box

**... they warm yer semmit oan the radiator**

... they knit ye a balaclava in yer fav'rite colour

**... they slip a tattie scone unner yer Lorne**

... they learn yer team's fitba' chants

**... they play yer fav'rite song oan the bagpipes**

... they listen tae yer Great Aunty Morag chunter oan aboot her chilblains

**... they let ye win a' dominos**

... they pretend tae enjoy yer trash telly programmes

**... they actually want tae see yer collection o' beer mats**

... **they haud yer haund lik' ye're a wean when ye cross the road**

... they pick up yer dog's mucky stuff in the park

... **they tell ye ye're a braw driver e'en tho' ye've jist reversed intae the only bollard in the car park**

... they 'phone ye when they've jist seen sumthin' funny lik' a cat daein' the Heighlan' fling or a haggis in the butcher's windae wearin' sunspecs

... **they hud yer hair back when ye talk tae God oan the big white telephone (ta, Big Yin!)**

... they calm ye doon when ye've jist woken frae tha' dream aboot walkin' 'roond George Square naikit except fur a See You Jimmy bunnet

... **they luv ye e'en when they've jist watched ye throw a tantrum tha' wuid rattle the rafters a' Stirlin' castle an' spit the dummy intae next week**

# GRETNA GREEN

**So wha's a' this aboot thon romantic wee Gretna Green, eh? Weel, way back in 1753, a law cried Lord Hardwicke's Marriage Act wus passed South o' the Border which made young couples get permission frae parents if either or both o' them wus unner 21 years auld. Noo, a' tha' time in Scotland, loons cuid get married a' 14 years auld an' quines cuid marry a' 12 years auld an' no' e'en a nod wus needed frae parents.**

Jings, can ye imagine the stampede there wus? There wur loads o' wee trotters hoofin' it up North! An' whaur did the young couples land furst when they crossed the Border? Gretna Green!

In the auld days, ye didnae hae to be onythin' or onybody special tae perform a weddin' ceremony. Onybody cuid dae it as lang as there wur witnesses. The blacksmith's business was the furst thae couples came across when they were fleein' lik' dafties across the Border so he wus their furst port o' call. Aye, he scored big time! He hud sae mony weddin's tae tend tae tha' he married couples o'er his blacksmith's anvil, an' a' fur a fee, o' course.

Through twists an' turns in the law, Gretna Green stayed as somewhaur tae get hitched an' throughoot the ages, it hus stood oot in fowk's minds as a place tha's foo tae burstin' wi' lurve an' romance an' a' tha'. Aye, the day it's considered a' bonnie an' dreamy tae huv yer weddin' thaur. Mair than 3000 weddin's are carried oot in Gretna Green ivry year. No' bad fur a toaty wee place.

It's big business, this gettin' hitched malarkey. There are 11 weddin' venues in the wee toon an' there are anvils a' scattered a' aboot. If ye dinnae keep yer wits aboot ye, ye'll trip o'er an anvil so jist watch oot!

GRETNAGREEN
OLD SMITHY
Marriage
ANVIL

# ROSES ARE RED

*Roses are red*
*Ye're so great*
*Ma patter's rubbish*
*Let me tak' ye oan a date.*

*Roses are red*
*Ma coupon is too*
*Tha' only happens*
*When ah'm near you.*

*Roses are red*
*Violets are blue*
*Ah've lost ma teddy*
*Can ah cuddle you?*

*Roses are blue*
*Violets are red*
*Ah'm gaun backwards*
*There's sumthin' wrang wi' ma heid.*

*Roses are red*
*The earth is wide*
*Ye'd look much better*
*Wi' me by yer side.*

*Roses are red*
*Violets are blue*
*If ye wur a bottle o' buckie*
*Ah'd still pick you.*

*Roses are red*
*Violets are blue*
*Ah cannae pronounce Findochty*
*And neither can you.*

*Roses are red*
*Violets are blue*
*Some poems rhyme*
*But this wan doesnae.*

*Roses are red*
*Violets are blue*
*Turnips are orange*
*Tatties are broon*
*Caulies are white*
*Please help me ah cannae stop*
*Bananas are bendy*
*Apples are red*
*But sometimes they're green*
*Or e'en yellow*
*Shifty wee beggars*
*Ye nivver know where ye are*
*wi' an apple.*

# DANCE LIK' NAEBODY'S WATCHIN'

*Dance lik' naebody's watchin'*
*Really gie it laldie*
*Jist let go an' let rip*
*Be the best tha' ye can be*
*Grab yer fav'rite partner*
*An' dance aroond the floor*
*Or gaun dance yersel'*
*An' dance straicht oot the door*
*Dance doon tae the bus stop*
*An' dance richt doon the toon*
*Dance a' the day lang*
*An' dance a' nicht unner the moon*
*Mak' yersel' happy*
*Each an' ivry day*
*An' mak' sure tha' a muckle great smile*
*Spreads o'er oan yer coupon*
*An' is there tae stay.*

# A WEE BIT O' HELP WI' SUM O' THAE TRICKY SCOTS WURDS

| | |
|---|---|
| AHINT | BEHIND |
| BAFFIES | SLIPPERS |
| BAHOOKIE | BOTTOM |
| BAMPOT | SILLY PERSON |
| BAWHEID | EVEN SILLIER PERSON |
| BESOM | NAUGHTY PERSON |
| BEEZERS | FINE GUYS |
| BELTIN' | REALLY GREAT |
| BRAW | GREAT |
| BONNIE | LOVELY |
| BUCKIE | BUCKFAST |
| CA' CANNY | BE CAREFUL |
| CHUFFIN' | A MORE GENTLE EXPLETIVE THAN ONE WHICH STARTS WITH 'F' AND ENDS WITH 'CK' |
| COORIE IN | CUDDLE IN |
| COUPON | FACE |
| CRABBIT | BAD TEMPERED |
| CRACKIN' | GREAT |
| DINNAE FASH | DON'T WORRY |
| DRAWERS | UNDERPANTS |
| DUG | DOG |
| ERSE | BACKSIDE |
| FANTOOSH | FANCY |
| FIZOG/FIZZER | FACE |

| | |
|---|---|
| GADGIE | MAN |
| GALLUS | MISCHIEVOUS, CHEEKY |
| GALLOOT | FOOLISH PERSON |
| GAUN YER DINGER | DOING SOMETHING IN A BOISTEROUS WAY |
| GIE IT LALDIE | GO FOR IT |
| HALE JING BANG THING | ABSOLUTE WHOLE THING |
| HOOFIN' IT OAN | JUMPING ON |
| HOOLEY | GOOD TIME, PARTY |
| HUVNAE GOT A SCOOBY | HAVEN'T GOT A CLUE (RHYMING WITH A SCOOBY DOO) |
| JAMMIES | PYJAMAS |
| JIGGERT | BROKEN |
| MIDGIES | WEE SCOTTISH INSECTS |
| MINGER | UNATTRACTIVE PERSON |
| MEBBES | MAYBE |
| MUSH 'N' MINCE | SOFTY STUFF AN' NONSENSE |
| NAPPER | HEAD |
| NAIKIT | NAKED |
| NUMPTY | STUPID PERSON |
| PAN LOAFY | POSH |
| PINGER | MICROWAVE |
| PISH | PEE |
| PEEPERS | EYES |
| PUGGLED | EXHAUSTED |

| | |
|---|---|
| RANK PATTER | RUBBISH CHAT |
| SCABBY | ROUGH–LOOKING |
| SCUNNERT | FED UP |
| SEMMIT | VEST |
| SHOOGLED | SHAKEN |
| SPONDOOLICKS | MONEY |
| STOATIN' | REALLY GOOD |
| STOATER | HANDSOME, BEAUTIFUL, A REAL CATCH! |
| STRAMASH | NOISE |
| SWALLY | DRINK OF ALCOHOL |
| TATTIES | POTATOES |
| THE GITHER | TOGETHER |
| THINGUMAY | THING |
| TOATY | TINY |
| WABBIT | TIRED, WASHED OUT |
| WEAN | CHILD |
| WINCHIN' | A BIT O' A KISS, A BIT O' ROMANCE |

# The Wee Book Company

Why no' hoof it o'er tae **www.theweebookcompany.com** an' get yer paws oan a FREE Wee Book? Jist leave yer email address an' doonload a hilarious Wee Book which is sure tae mak' ye laff yer wee socks auf.

If ye want tae send yer pals a smile, or tae treat yersel' tae a wee titter, jist hoof it o'er tae **www.theweebookcompany.com/wee-book-shop** tae order books an' cards which can be sent straicht tae the door – onywhar in the wurld.

Keep smilin'!